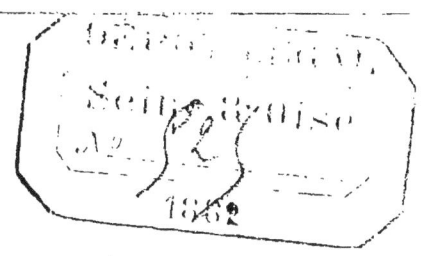

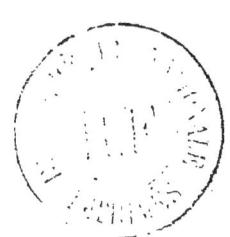

LETTRE DE M. GUÉGAN

Ancien Préposé en chef de l'Octroi

A M. LE MAIRE

DE LA VILLE DE SAINT-GERMAIN-EN-LAYE

1163-82 — Imprimerie D. Bardin et Cⁱᵉ, à Saint-Germain.

LETTRE DE M. GUÉGAN

Ancien Préposé en chef de l'Octroi,

A M. LE MAIRE

DE LA VILLE DE SAINT-GERMAIN-EN-LAYE

Saint-Germain, le 10 juin 1882.

Monsieur le Maire,

Après 34 années de services rendus à l'Etat, comme militaire et comme fonctionnaire civil, j'aurais pu me retirer immédiatement après le dépôt de ma demande de retraite, mais, suivant votre désir, j'ai consenti à diriger le service de l'octroi jusqu'à l'arrivée de mon successeur, qui n'a eu lieu que deux mois après.

En agissant ainsi, je n'ai jamais eu la naïveté d'espérer d'autres que de vous et de MM. vos adjoints, le moindre semblant de reconnaissance ; trop souvent, depuis quelques années, j'ai reconnu que le parti pris, la haine aveugle, acharnée de quelques personnalités, qui forment encore aujourd'hui dans le sein du Conseil municipal une sorte de clan, croissait précisément avec mon zèle et mon désintéressement aux intérêts de la ville. Mais peu m'importait alors, et peu m'importe encore ; je continuerai à marcher la tête levée, devant ceux-là qui, dans l'ombre, n'ont cessé de me poursuivre de leur ressentiment. En cela, ils n'ont fait d'ailleurs que copier servilement la conduite d'autres municipalités envers plusieurs de mes collègues, ils n'ont donc pas même le mérite de l'invention.

Quel est donc le point de départ de cette haine incompréhensible ? Elle n'a commencé à se manifester que lorsque certains assujettis à l'octroi sont devenus conseillers municipaux, au lendemain même du jour où j'avais dû verbaliser contre eux. Ces hommes, sous le faux prétexte de la politique, sont devenus impitoyables envers moi. Ils se sont acharnés à demander sans motifs plausibles ma mise à la retraite; ils m'ont saturé de leurs blâmes; enfin, ils n'ont reculé devant rien pour se venger; ce sont eux qui se sont faits les promoteurs de toutes les mesures prononcées contre moi, eux qui, les premiers, auraient dû s'abstenir.

Veut-on les reconnaître? il suffit pour cela d'ouvrir le registre des délibérations du Conseil en ce qui concerne le préposé en chef.

En 1878, le Conseil municipal, que je ne confonds pas avec la coterie dont il s'agit, nomma une commission chargée d'examiner mon service, et un conseiller que je ne désignerai pas nominativement, mais qui est tanneur de son état, et dont la maison venait d'être frappée par l'octroi d'une amende de 200 francs, osa accepter d'en faire partie.

On pense bien que j'étais condamné d'avance; la commission, après plusieurs considérants aussi erronés les uns que les autres,

*

conclut naturellement à mon remplacement immédiat.

C'était prévu et dans l'ordre, mais vous savez, monsieur le Maire, quel fut le succès de cette décision ; il était bon qu'un Conseil municipal fût bien pénétré de son impuissance au sujet d'un employé de l'État... On ne se découragea pas pour cela : un des membres de ladite commission que je ne veux pas nommer encore (nous verrons plus tard), un ancien serrurier m'insinua, de sa voix la plus douce et la plus mielleuse : « Que si je con-
« sentais à demander ma retraite, la com-
« mission retirerait de son rapport, tout ce
« qu'il pouvait contenir de blessant pour
« moi. »

Bonne commission ! Admirez, je vous prie, monsieur le Maire, la générosité du procédé, mais je vous demanderai quel cas on pouvait faire d'une conviction aussi bien établie ?

Le même conseiller patelin ne s'arrêta pas en si bonne voie : « *A cœur vaillant, rien d'impossible !* » Continuant d'user ou plutôt d'abuser de sa qualité administrative, il fit tout à coup irruption dans mes archives, et, sans plus de façons, m'enleva un dossier de procès-verbal. C'était justement celui qui constatait l'application de l'amende de 200 fr. dont j'ai déjà parlé plus haut. Vous le savez, monsieur le Maire, car vous y étiez, ainsi que deux employés d'octroi qui pourraient au besoin en témoigner. Ceci se passait en septembre 1878, nous sommes en 1882, le dossier n'a jamais reparu; qu'est-il devenu?...

Heureusement que le procès était enregistré tout au long au mémorial du contentieux de l'octroi n° 143.

Le conseiller serrurier avait pour excuse les devoirs de l'amitié, il savait que son collègue le tanneur ne pouvait supporter l'idée que les traces d'un passé peu flatteur pussent subsister plus longtemps dans les archives d'une ville qu'il avait mission de représenter. Comprenez donc, monsieur le Maire, cela pouvait nuire à sa considération, à sa dignité, et celle-ci devait être à l'abri de tout soupçon ; on me le fit bien voir !...

Mais le plus joli de l'affaire, c'est que l'*enle-*

veur de dossier, que l'on pourrait qualifier plus sévèrement, emportait avec celui-ci, malgré mes protestations, une lettre qui m'était entièrement personnelle, qui était ma propre propriété, et que les tribunaux sauront bientôt lui faire restituer.

Enfin, pour clore la série, j'appellerai encore votre attention, monsieur le Maire, sur un fait qui vient de se passer tout dernièrement au sein du Conseil municipal. Une gratification était due à certains préposés de l'octroi, pour avoir volontairement consenti à se laisser surcharger de service pendant l'exercice 1881 (afin d'opérer quelques économies dans les frais de gestion de l'octroi).

Une commission fut nommée à cet effet, vous croyez, sans doute, monsieur le Maire, que ladite commission s'est empressée d'appeler dans son sein le chef du service de l'octroi, ce qui était assez naturel; point du tout, elle trouva beaucoup plus simple de s'adresser à des subordonnés pour obtenir ses renseignements (c'est assez dans les habitudes des commissions maintenant). Aussi fit-elle de bonne besogne, donnant précisément plus à ceux qui avaient travaillé le moins; il fallait bien récompenser certains délateurs.

Quant au préposé en chef, qui, d'ailleurs, n'avait rien demandé pour lui, bien qu'il ait rempli deux fonctions, celle de chef et celle de contrôleur; non seulement on ne lui donnera pas de gratification, et ce sera bien fait, mais on essayera de lui faire verser une somme quelconque, ce sera bien plus amusant. Que penser, monsieur le Maire, de ces façons d'opérer envers un vieux serviteur? ne serait-on pas tenté de les qualifier de *tristes gamineries ?*

En effet, le rapporteur de la commission [1], absolument étranger aux formes administratives, et n'ayant pas suffisamment étudié la question, crut avoir découvert que le préposé en chef avait touché plusieurs parts d'amende auxquelles il n'avait plus droit depuis 1879 ; puis il proposa tout bonnement au Conseil de faire verser à M. Guégan une somme d'un peu plus de 200 fr., précisément le montant

---

1. Le sieur Villain, marchand de nouveautés.

de l'amende qui avait été payée par son collègue le tanneur.

Le Conseil, sans plus ample informé, vota cette décision avec un ensemble parfait !... Malheureusement, après une protestation de ma part à l'autorité supérieure, celle-ci vient de refuser d'approuver cette délibération en me donnant gain de cause.

Le clan dont je vous ai entretenu s'est donc mis inutilement en frais une fois de plus ; il en est pour sa courte honte d'avoir essayé de diffamer un honnête homme aux yeux de ses concitoyens. Ce clan, auquel un certain nombre de moutons de Panurge se sont ralliés par un mesquin esprit de parti, et dans l'entêtement stupide d'un système préconçu, se composait dans le Conseil précédent de trois contrevenants à l'octroi : dans celui-ci on en compte quatre ! *Inde iræ*. (Voir le registre du contentieux de l'octroi.)

Je termine enfin, monsieur le Maire, et je suis heureux, avant de le faire, de vous remercier, vous et MM. les Adjoints, de la bienveillance que vous m'avez constamment témoignée ; cette bienveillance, m'avez-vous dit vous-même, n'est qu'une justice rendue. De votre part, ce témoignage m'est d'autant plus précieux, que, mieux que personne, vous qui m'avez vu à l'œuvre, vous pouvez être bon juge en la matière.

Cette satisfaction vient donc s'ajouter à celle que j'éprouve de m'être attiré la haine de certaines personnalités; cette haine, je la retiens, elle m'honore, car elle a pour cause l'accomplissement d'un devoir.

Veuillez agréer, monsieur le Maire, l'assurance de mon respect.

PAUL GUÉGAN.

Ancien préposé en chef de l'octroi,
propriétaire à Saint-Germain-en-Laye.
26, rue de la Salle.

1163-82 — Imprimerie D. BARDIN et Cie, à Saint-Germain.

www.ingramcontent.com/pod-product-compliance
Lightning Source LLC
Chambersburg PA
CBHW061623040426
42450CB00010B/2640